I0824129

No. 2

No. 2

No. 2

Carta
Manuscript Paper

No. 2

No. 2

No. 2

No. 2

Carta
Manuscript Paper

No. 2

No. 2

Carta
Manuscript Paper
No. 2

Carta
Manuscript Paper

No. 2

Carta
Manuscript Paper
No. 2

Carta
Manuscript Paper
No. 2

Carta
Manuscript Paper
No. 2

Carta
Manuscript Paper
No. 2

No. 2

No. 2

No. 2

Carta
Manuscript Paper

No. 2

No. 2

No. 2

Carta
Manuscript Paper

No. 2

Carta
Manuscript Paper

No. 2

Carta
Manuscript Paper
No. 2

No. 2

Carta
Manuscript Paper
No. 2

Carta
Manuscript Paper

No. 2

Carta
Manuscript Paper

No. 2

Carta
Manuscript Paper
No. 2

No. 2

Carta
Manuscript Paper

No. 2

No. 2

No. 2

Carta
Manuscript Paper
No. 2

No. 2

No. 2

Carta
Manuscript Paper

No. 2

Carta
Manuscript Paper

Carta
Manuscript Paper
No. 2

Carta
Manuscript Paper

Carta
Manuscript Paper

No. 2

No. 2

No. 2

No. 2

Carta
Manuscript Paper
No. 2

No. 2

No. 2

No. 2

No. 2

No. 2

No. 2

No. 2

Carta
Manuscript Paper
No. 2

No. 2

No. 2

Carta
Manuscript Paper

Carta
Manuscript Paper

No. 2

No. 2

Carta
Manuscript Paper

Carta
Manuscript Paper
No. 2

Carta
Manuscript Paper

No. 2

Carta
Manuscript Paper

No. 2

No. 2

No. 2

Carta
Manuscript Paper
No. 2

Carta
Manuscript Paper
No. 2

Carta
Manuscript Paper

No. 2

Carta
Manuscript Paper

Carta
Manuscript Paper